파이디온 어린이 성경공부 교재 *1학기용*
예수마당
성경공부 I
JN441571
초등 2부
3 · 4학년
어린이용
파이디온선교회

출발! 믿음으로

요한복음 3:1-21

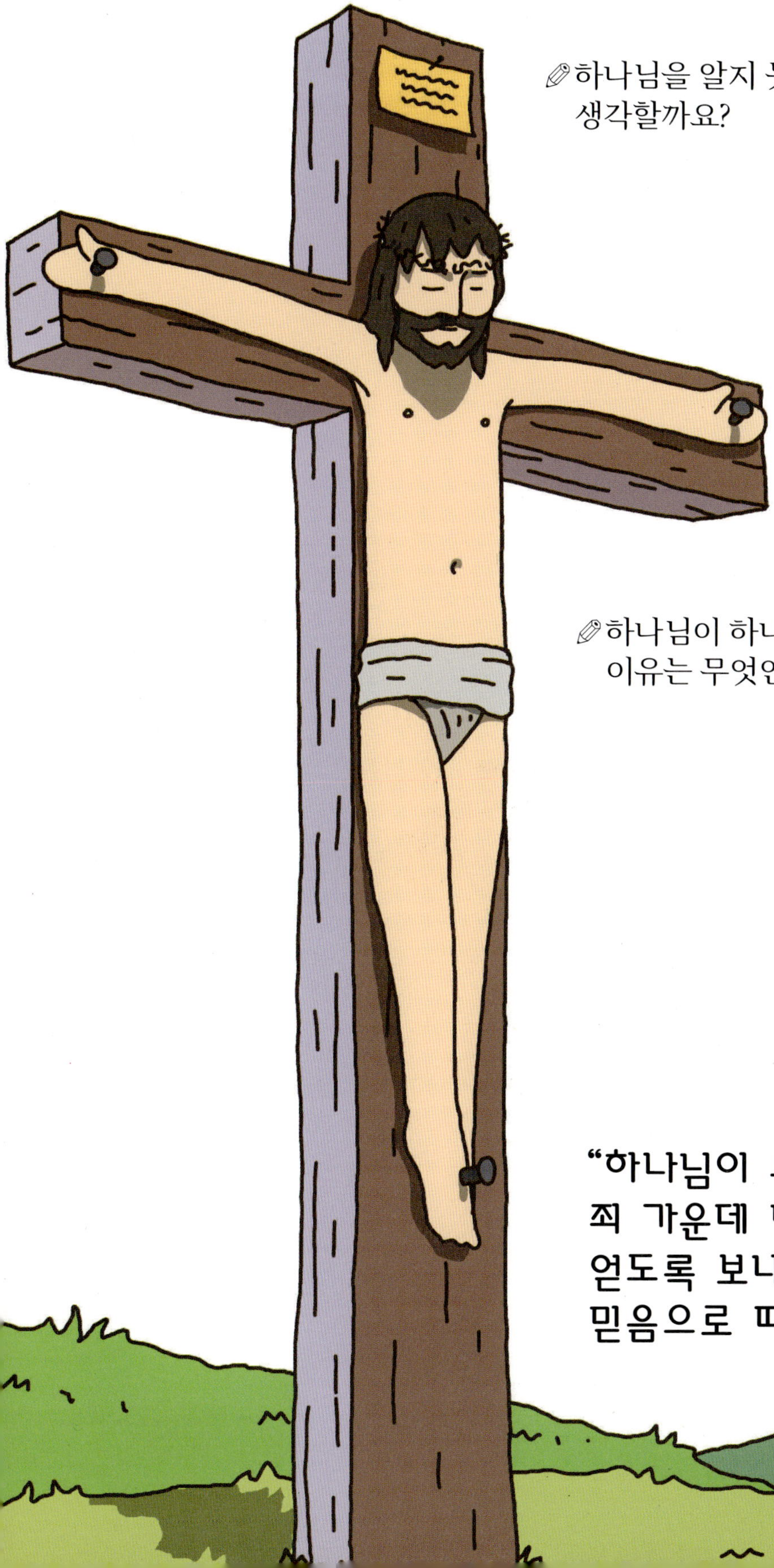

✎ 하나님을 알지 못하는 사람들은 예수님을 누구라고 생각할까요?

✎ 하나님이 하나뿐인 아들 예수님을 이땅에 보내주신 이유는 무엇인가요?

"하나님이 우리를 ______하셔서 죄 가운데 멸망하지 않고 ______을 얻도록 보내주신 독생자 예수님을 믿음으로 따르겠어요."

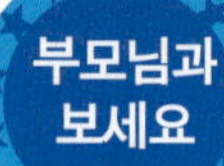

1 출발! 믿음으로

[포인트] 독생자 예수님을 믿으라.

[중심 성경 구절] "또한 모든 것을 해로 여김은 내 주 그리스도 예수를 아는 지식이 가장 고상함을 인함이라"(빌립보서 3:8 상).

가족 인명록

식구들을 한 사람씩 만나 이야기를 나눈 다음 그 식구의 삶을 간단하게 적어 가족 인명록을 만들어보세요. 문방구에서 스크랩북을 하나 사서 이용할 수도 있고, 두꺼운 도화지를 이용해 직접 만들 수도 있습니다. 내용에는 각자 좋아하는 음식, 취미, 가장 좋았던 기억 등을 포함시키세요. 그리고 거울을 보고 자화상을 그려 자기 소개란의 시작 페이지로 삼으세요. 모두 완성되면 큰 소리로 읽고서, 다른 식구들에 대해 새롭게 알게 된 점들을 나누세요.

그런 다음 모두 함께 예수님의 전기를 만드세요. 색상지를 오려 예수님에 관해 생각나는 모양을 만드세요. 예를 들어 예수님이 특별하게 태어나신 것을 나타내는 별 모양이나, 예수님을 따르는 모습을 나타내는 발자국 모양 등이 있습니다. 각자 만든 것을 따로 종이에 붙이고 예수님의 어떤 모습을 나타내는지 적은 다음, 처음에 만든 가족 인명록의 앞부분에 첨가하여 예수님이 여러분 가족의 일원임을 나타내세요.

기도하세요

●아주 재미있는 모험을 준비하는 동안 식구들은 눈을 감고 기다리게 하세요●바닥에 초코바를 띄엄띄엄 놓아서 성경책이 있는 곳까지 길을 표시하세요●준비가 다 되면 모두 찾아보게 하세요●바닥에 놓인 초코바를 하나씩 먹으면서 마지막 지점에 무엇이 놓여 있는지 찾게 하세요●성경을 찾으면 성경 안에서 예수님에 관하여 자기가 가장 좋아하는 부분이 어디인지 이야기하게 하세요●그러고 나서 모두 성경 위에 손을 얹고 예수님을 더욱 알 수 있도록 성경을 주신 하나님께 감사의 기도를 드리세요.

▶ 요한복음 3장 2절을 읽으세요.

여러분이 지금까지 만났던 선생님 중에서 가장 훌륭한 선생님이 어떤 분이었는지 설명해보세요. 예수님은 어떤 점에서 훌륭한 선생님인가요?

▶ 요한복음 3장 5~6절을 읽으세요.

엄마나 아빠에게 여러분이 태어난 날에 관해 이야기해 달라고 하세요. 여러분은 거듭난다는 말을 어떻게 설명하겠어요?

▶ 요한복음 5장 3~5절을 읽으세요.

본문 말씀에서 예수님에 관해 어떤 점을 배울 수 있었나요?

예수마당 성경공부 2

누구든지 환영해요

요한복음 4:1~26

나의 관심이 필요한 친구들의 이름을 적어보세요.

누구든지 환영해요

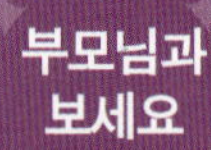

[포인트] 복음을 차별없이 전하라.

[중심 성경 구절] "또한 모든 것을 해로 여김은 내 주 그리스도 예수를 아는 지식이 가장 고상함을 인함이라"(빌립보서 3:8 상).

가족과 함께

어른들과 함께 대형 수퍼의 냉동 식품 판매 코너를 방문해보세요. 그리고 간단한 지구촌 가족 메뉴를 만들어보세요. 피자(이탈리아), 만두(중국), 햄버거(미국), 우동(일본) 등이 있습니다. 함께 음식을 먹으면서 그 나라들의 문화가 서로 어떻게 다른지 이야기를 나누세요. 그리고 세계 여러 나라 사람들이 모두 예수님을 믿을 수 있는 것에 감사하고 식사를 하세요.

기도하세요

● 가족과 함께 요한복음 4장 42절을 읽으세요. 그리고 지구본 주위에 둘러앉아 한 사람씩 눈을 감고 지구본을 돌린 다음 손가락으로 짚으세요. 그리고 손가락으로 짚은 곳에 사는 사람도 온 인류의 구세주이신 예수님을 믿게 해달라고 함께 기도하세요.

▶ 갈라디아서 3장 28절을 읽으세요.

만일 온 세상의 그리스도인들이 다 이 말씀을 실천한다면 어떤 일이 일어날까요?

▶ 요한복음 4장 42절을 읽으세요.

여러분에게 예수님을 처음으로 알려준 사람은 누구인가요? 이제 여러분이 예수님을 소개해줄 사람은 누구인가요?

▶ 에베소서 2장 14절을 읽으세요.

누군가를 아주 미워해본 적이 있나요? 그 사람과의 벽을 허물기 위해 여러분은 어떤 일을 할 수 있을까요?

능력의 예수님

마태복음 8:5~13

백부장은 어떤 점에서 예수님의 칭찬을 받을 만했나요?

나는 예수님을 어떤 분으로 생각하나요?

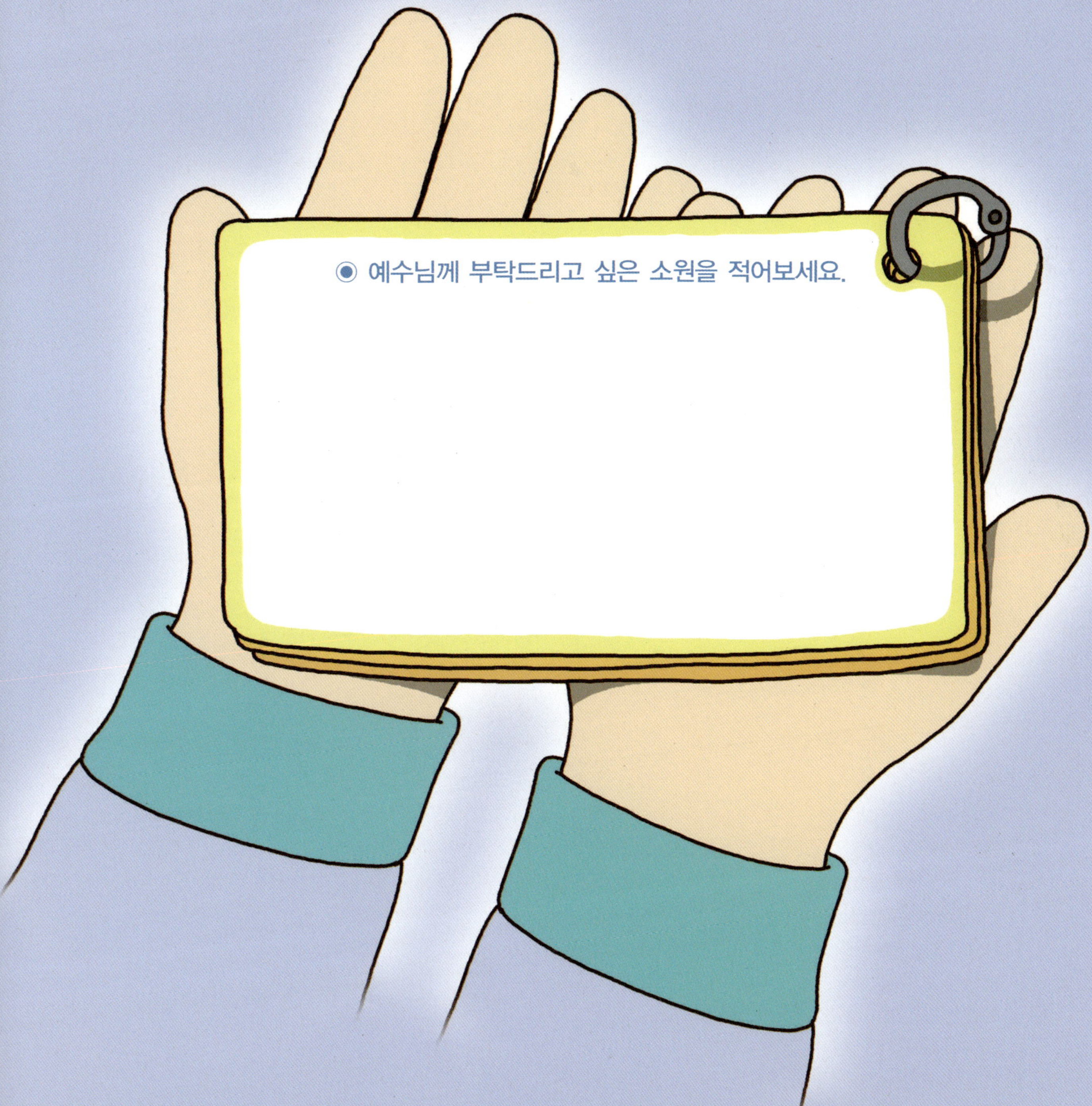

◉ 예수님께 부탁드리고 싶은 소원을 적어보세요.

"아무 것도 염려하지 말고 오직 모든 일에 기도와 간구로 너희 구할 것을 감사함으로 하나님께 아뢰라 그리하면 모든 지각에 뛰어난 하나님의 평강이 그리스도 예수 안에서 너희 마음과 생각을 지키시리라"(빌립보서 4:6~7).

능력의 예수님

부모님과 보세요

[포인트] 예수님의 능력을 믿고 구하라.

[중심 성경 구절] "또한 모든 것을 해로 여김은 내 주 그리스도 예수를 아는 지식이 가장 고상함을 인함이라"(빌립보서 3:8 상).

믿음의 초점

보기 전에는 믿지 못할 일을 체험해보세요. 평평한 탁자 위에 대나무로 된 30cm 자를 올려놓는데 25cm까지는 탁자 위에, 나머지 5cm 부분은 탁자 밖으로 나오게 올려놓으세요. 그런 다음 신문지 두 장으로 자를 잘 덮어 탁자에 밀착되도록 한 번 눌러주세요. 이제 탁자 밖으로 나온 자를 있는 힘껏 내리쳐보세요.

신문지 두 장이 자를 견고하게 잡아주는 것처럼 우리가 예수님을 믿으면 예수님도 우리가 어려운 일을 만났을 때 우리를 든든히 붙잡아주신다는 사실을 이야기 나누세요. 공기는 무척 가벼운 것이지만 1cm²당 6kg의 압력이 작용하고 있어서 자를 덮고 있는 가벼운 종이를 단단하게 눌러주고 있습니다. 공기는 우리 눈에 보이지 않지만 이처럼 놀라운 힘을 낸답니다. 믿음도 이와 마찬가지입니다.

예쁜 간식

어른과 함께 맛있는 간식을 만들어보세요. 예쁜 모양의 작은 그릇에 밀가루 반죽을 넣고 오븐에 구우세요. 과자가 식으면 꺼내서 그 위에 초콜릿이나 과일 등을 얹어 예쁘게 장식해보세요. 완성된 과자를 먹으면서 우리들이 예수님을 믿고 따를 때 예수님이 우리의 삶을 아름답고 선한 것들로 풍성하게 채우신다는 것을 이야기 나누세요.

가족 무언극

이번 주에는 가족과 함께 팬터마임을 해보세요. 매일 돌아가면서 한 사람씩 예수님이 행하신 기적을 팬터마임으로 엮어 발표하게 하세요. 나머지 식구들은 보면서 어떤 사건인지를 맞히는 거예요. 그런 다음 그 사건이 기록된 성경 말씀을 함께 읽으세요. 다음과 같은 사건을 참고로 하세요. 마태복음 20:29-34, 마가복음 4:35-41, 누가복음 17:11-19, 요한복음 11:1-44.

생활을 살펴보세요

▶ 마태복음 8장 8-9절을 읽으세요.

여러분이 알고 있는 사람들 중에 가장 높은 사람은 누구인가요? 그 사람은 어떤 사람들에게 명령을 내릴 수 있나요? 예수님은 어떤 사람과 사물들에게 명령을 내리실 수 있을까요?

▶ 에베소서 2장 8절을 읽으세요.

여러분이 지금껏 받은 선물 중에 가장 좋았던 선물은 무엇이었나요? 하나님이 여러분에게 믿음을 주신 것에 대해 어떻게 감사를 드릴 건가요? 여러분은 누구 덕분에 믿음을 선물로 받을 수 있었나요? 그분을 위해 기도하세요.

믿음의 장애물

마태복음 19:16~24

믿음의 장애물

부모님과 보세요

[포인트] 방해를 이기고 따르라.

[중심 성경 구절] "또한 모든 것을 해로 여김은 내 주 그리스도 예수를 아는 지식이 가장 고상함을 인함이라"(빌립보서 3:8 상).

마술이냐 과학이냐

다음과 같은 깜짝 놀랄 만한 마술을 해보세요. 삶은 달걀의 껍질을 벗긴 다음 입구가 달걀보다 약간 작은 빈 유리병을 구하세요. 그리고 어른들이 있는 곳에서 병 안에 휴지를 넣고 성냥으로 불을 붙이세요. 그런 다음 달걀을 입구에 올려놓으세요. 달걀이 그 작은 입구 안으로 살그머니 들어가게 됩니다. 이제 욥기 42장 2절을 읽고 우리가 가진 것이 많든, 가진 것이 없든 하나님은 불가능한 일을 행하시는 능력 있는 분임을 이야기 나누세요.

기도해보세요

● 커다란 달력과 여러 가지 색상의 펜을 구하세요 ● 식구들과 함께 올 한 해 동안 위해서 기도해줄 친구와 친척들을 생각해보세요 ● 그런 다음 돌아가면서 그 사람을 위해서 기도해줄 주일을 정해 그 칸에 이름을 적으세요. 되도록이면 일년 52주를 전부 다른 사람으로 채울 수 있도록 많은 사람을 생각해내세요 ● 그리고 올 한 해 매주마다 그 사람들을 위해서 기도하세요.

예쁜 깡통

깨끗한 빈 깡통을 하나 구해 색종이로 싸서 예쁘게 꾸미세요. 그리고 식사 때 음식을 남기면 그 남긴 만큼이 금액으로 얼마나 되는지 부모님께 여쭈어보아 그 금액만큼 깡통에 넣으세요. 깡통이 다 차면 그 돈을 굶주린 사람들을 위해 일하는 기관에 보내세요.

생활을 살펴보세요

▶ 마태복음 6장 19-20절을 읽으세요.

여러분이 지금 누리고 있는 즐거움 가운데 남들이 도저히 빼앗아가지 못하는 것들에는 어떤 것이 있나요? (힌트: 사람들과의 관계나 기억과 같은 정신적인 즐거움을 생각해보세요.) 그리고 하늘나라에서 영원히 누리게 될 기쁨은 어떤 것일까요?

▶ 마태복음 19장 21-23절, 26절을 읽으세요.

여러분은 자신이 부자라고 생각하나요, 가난하다고 생각하나요? 아니면 그 중간이라고 생각하나요? 본문 26절은 여러분에게 어떤 의미가 있나요?

예수마당 성경공부

5 가장 중요한 일

누가복음 10:38~42

✐마리아가 마르다보다 더 좋은 선택을 했다고 칭찬받은 이유는 무엇인가요?

✐예수님이 가장 중요하게 여기시는 것은 무엇이라고 생각하나요?

◉ 꼭 해야 할 중요한 일을 3가지 이상 적어보세요.

	*아침	*점심	*저녁
*주일			
*월			
*화			
*수			
*목			
*금			
*토			

나는 예수님을 ______________따르래요.

가장 중요한 일

[포인트] 말씀에 귀를 기울이라.

[중심 성경 구절] "또한 모든 것을 해로 여김은 내 주 그리스도 예수를 아는 지식이 가장 고상함을 인함이라"(빌립보서 3:8 상).

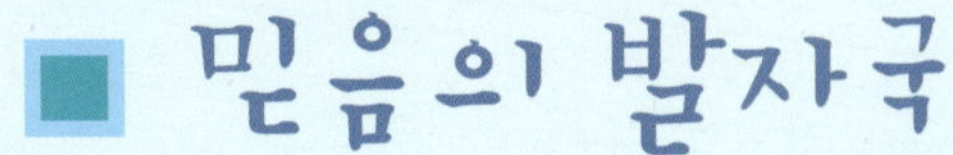

예수님을 따르는 것을 가장 먼저 해야 할 일로 정하세요. 가족이 모두 모여 아무 생각없이 하고 있는 일들 중에서 별로 중요하지 않은 일들을 하나씩 제거해보세요. 예를 들어 TV 프로그램을 시청하는 것이나 비디오를 빌려 보는 것과 같은 일이 있습니다. 그런 시간들을 활용해 예수님이 하신 말씀을 읽고 토의하는 시간을 가지세요. 마태복음 5:1-12, 마태복음 5:38-41, 마태복음 6:24-34 등이 좋은 본문 말씀입니다.

스마일 사과

가족과 함께 스마일 사과를 만들어보세요. 껍질을 벗기지 않은 빨간 사과를 깨끗이 씻은 후에 과도를 이용해서 눈, 코, 입을 파낸 후 웃는 얼굴을 만들어서 가족이 돌아가면서 스마일 사과를 한 입 베어 물 때마다 '예수님을 따르면 행복해요' 라고 말하세요.

나의 책갈피

자기만의 북마크를 만들어보세요. 마분지나 색상지를 전화 수화기 모양으로 자릅니다. 그리고 색실을 붙여서 전화줄처럼 보이게 하세요. 완성된 책갈피를 볼 때마다 성경을 읽는 것이 예수님의 말씀에 귀를 기울이는 한 가지 방법인 것을 기억하세요.

▶ 요한복음 12장 26절을 읽으세요.
하나님은 예수님을 따르는 사람들을 높이기 위해 어떤 일을 해주실까요?

▶ 빌립보서 3장 12절을 읽으세요.
예수님은 여러분이 예수님을 따르는 일에 어떤 태도를 갖기 원하실까요?

▶ 베드로전서 2장 24-25절을 읽으세요.
예수님은 여러분이 어떤 잘못된 일로부터 벗어날 수 있도록 도와주셨나요?

수마당 성경공부 6

네 종류의 밭

⇨ 마태복음 13:1~9

✐ 예수님의 비유에서 씨와 밭은 무엇을 의미할까요?

✐ 우리가 좋은 땅과 같은 마음으로 말씀을 받지 못하게 방해하는 것들은 무엇이 있을까요?

◉ 나에게 처음으로 예수님을 소개해준 사람은 누구인가요?

나

◉ 내가 직접 예수님을 전한 사람은 누구인가요?

◉ 내가 앞으로 복음을 전해줄 사람은 누구인가요?

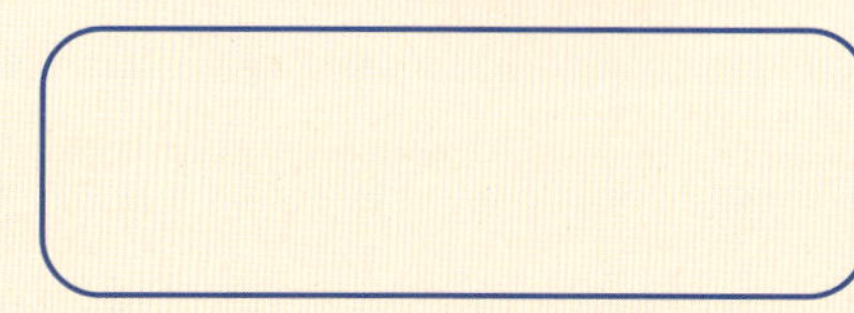

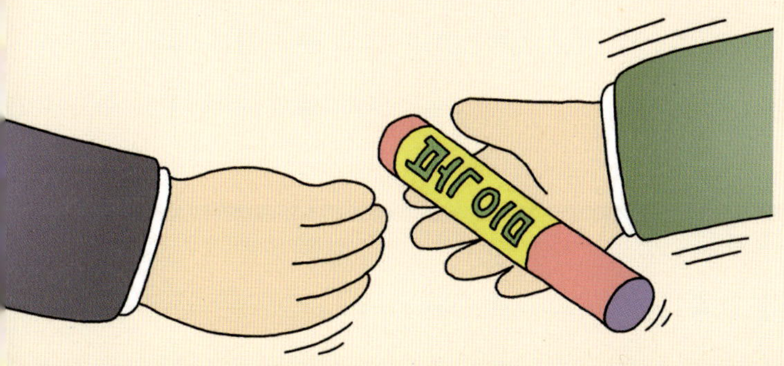

"그러므로 너희는 가서 모든 족속으로 제자를 삼아 아버지와 아들과 성령의 이름으로 세례를 주고 내가 너희에게 분부한 모든 것을 가르쳐 지키게 하라 볼지어다 내가 세상 끝날까지 너희와 항상 함께 있으리라 하시니라"(마태복음 28:19~20).

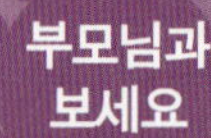

네 종류의 밭

[포인트] 복음의 씨를 뿌리라.

[중심 성경 구절] "남에게 대접을 받고자 하는 대로 너희도 남을 대접하라" (누가복음 6:31).

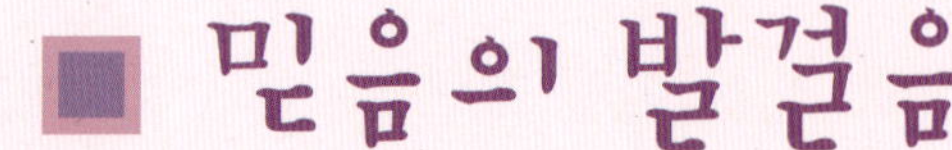

믿음의 발걸음

이번 주에 하나님의 말씀을 뿌리기 위해 다음과 같은 일들을 해보세요.

- 휴대용 휴지의 겉봉투를 예쁘게 장식하고 요한일서 4장 15절과 같은 말씀을 적어 식당이나 휴게실 같은 곳에 놓아두세요.
- 떡을 조금 사다가 요한복음 6장 35절 상반절의 말씀인 '예수께서 가라사대 내가 곧 생명의 떡이니'라고 적힌 종이로 덮어 이웃에게 나누어주세요.
- 교회에 다니지 않는 친구에게 다음 주에 함께 교회에 가자고 권해보세요.

기도하세요

● 하루 저녁 시간을 정해 식구들과 함께 친절한 말이나 행동을 통해, 혹은 예수님에 관해 전해줌으로써 말씀의 씨앗을 뿌린 일이 있는지 이야기 나누세요. 한 가지 일이 있을 때마다 그릇에 씨앗을 담으세요. 그리고 그 씨앗이 옥토에 떨어져 많은 열매를 맺을 수 있도록 기도하세요. 또한 아직 예수님을 알지 못하는 친구와 친척들을 위해 기도하세요.

작은 씨앗

식구들과 함께 마태복음 13장 3-8절을 읽으세요. 그리고 날씨가 허락하면 밖에 나가 꽃이나 야채를 심어보세요. 날이 좋지 않으면 작은 화분이나 종이컵을 이용해 꽃씨를 심어도 좋습니다. 다 심은 다음 그 씨앗이 자라기 위해서 필요한 것들에는 무엇이 있는지 이야기 나누고, 하나님의 말씀의 씨앗은 어떻게 자라고 열매를 맺게 되는지 이야기 나누세요.

생활을 살펴보세요

▶ 마가복음 16장 15절을 읽으세요.
여러분은 어떻게 온 천하에 복음을 전하겠나요?

▶ 요한복음 3장 16절을 읽으세요.
예수님에 대해 더 많이 알고 싶어하는 사람에게 어떤 말을 해주겠나요?

▶ 사도행전 16장 23-34절을 읽으세요.
바울과 실라의 어떤 행동이 간수에게 그리스도의 모습을 보여주었을까요? 그들의 행동에서 무엇을 배울 수 있을까요?

선한 사마리아인

누가복음 10:25~37

제사장과 레위인이 그냥 모른 척하고 지나갔을 때 강도 만난 사람의 마음은 어땠을까요?

왜 사마리아 사람이 강도 만난 사람의 진짜 이웃이라고 생각하나요?

◉ 나를 도와준 사람

◉ 어떻게 도와주었나요?

◉ 내가 도와준 사람

◉ 어떻게 도와주었나요?

◉ 이번 주에 내가 도와줄 사람

◉ 어떻게 도와줄 건가요?

하나님, 제가 ______________를 돕도록 도와주세요.

7

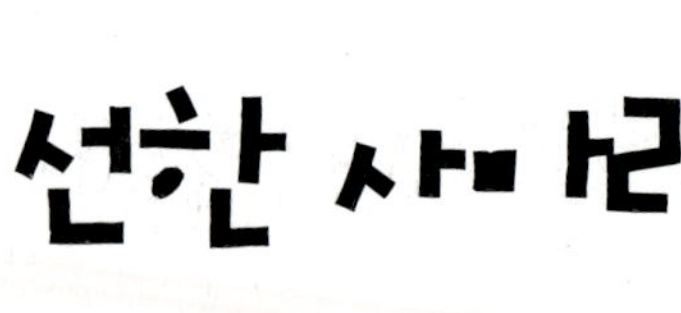

선한 사마리아인

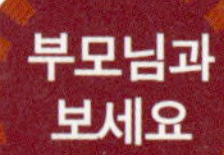

[포인트] 어려운 이웃의 친구가 되라.

[중심 성경 구절] "남에게 대접을 받고자 하는 대로 너희도 남을 대접하라" (누가복음 6:31).

화해 카드

사이가 멀어져 서먹서먹해진 사람에게 카드를 하나 만들어 보내세요. 앞면에 일회용 반창고를 붙이고 '우리 사이가 빨리 회복되기를 바래요'라고 적으세요. 혹은 초콜릿을 넣고 '오해는 모두 녹여버리세요'라고 적는 것도 좋습니다. 그리고 카드를 보낸 뒤에 그 주 안에 직접 만나서 대화를 나누세요.

생활을 살펴보세요

▶ 누가복음 6장 27절을 읽으세요.
본문 말씀대로 실천한다면 사이가 멀어진 사람을 대하는 여러분의 감정은 어떻게 변할까요?

▶ 마가복음 12장 29-31절을 읽으세요.
하나님을 사랑하는 것이 여러분이 다른 사람을 사랑하는 데 얼마나 도움이 될까요?

▶ 요한일서 4장 7-12절을 읽으세요.
여러분을 좋아하지 않는 사람에게 하나님의 사랑을 보여줄 방법을 5가지 정도 생각해보세요. 그리고 이번 주에 그것들을 계획을 세워 실천해보세요.

일만 달란트 빚진 종

마태복음 18:23~35

✐왕은 왜 일만 달란트 빚진 종을 용서해주었을까요?
✐왕은 왜 다시 그 종을 감옥에 가두었나요?

✲내가 용서할래요.

나는 예수님처럼 ____________ 하겠습니다.

일만 달란트 빚진 종

부모님과 보세요

[포인트] 계산 없이 용서하라.

[중심 성경 구절] "남에게 대접을 받고자 하는 대로 너희도 남을 대접하라" (누가복음 6:31).

믿음의 발걸음

색상지와 장식용 철사를 이용해 종이 부케를 만드세요. 또는 조화 한 송이를 사서 벽에 걸어두세요. 그리고 예쁜 엽서를 사서 '당신은 내 마음의 꽃이에요. 꽃처럼 아름다운 당신을 위해' 와 같은 격려의 글을 적어서 꽃잎에 붙여보세요. 그런 다음 혹시 식구들끼리 말다툼을 하게 된다면 이 꽃을 전해주면서 서로 용서를 구하세요.

기도하세요

● 빨래나 설거지의 마지막 헹군 물을 커다란 양동이에 담은 다음 온 식구들을 그 주위로 모으세요 ● 식구들에게 컵을 하나씩 돌리면서 이번 주에 주위 사람들의 말이나 행동으로 상처받은 일이 있으면 이야기하게 하세요 ● 그리고 그 물을 컵에 조금씩 따르세요. 그런 다음 컵에 담긴 물을 화초나 꽃에 뿌려주세요 ● 그리고 용서가 사람들 사이의 관계를 어떻게 도와주는지 이야기 나누세요 ● 마지막으로 다른 사람의 잘못을 용서하고 잊을 수 있게 해달라고 하나님께 기도하고 마치세요.

▶ 누가복음 23장 32-34절, 사도행전 7장 54-60절을 읽으세요.

예수님과 스데반이 처했던 상황을 생각해보세요. 여러분이라면 그 사람들을 용서할 수 있었을까요? 왜 그런가요?

▶ 에베소서 4장 26절을 읽으세요.

지금 누군가에게 화가 나 있다면 잠자리에 들기 전에 무엇을 해야 할까요?

▶ 누가복음 1장 76-78절을 읽으세요.

왜 하나님은 예수님을 이땅에 보내셨을까요? 만일 예수님이 오시지 않았다면 어떤 결과가 생겼을까요?

돌아온 아들

누가복음 15:11~32

아버지

동생

형이 기뻐했다면…

만약

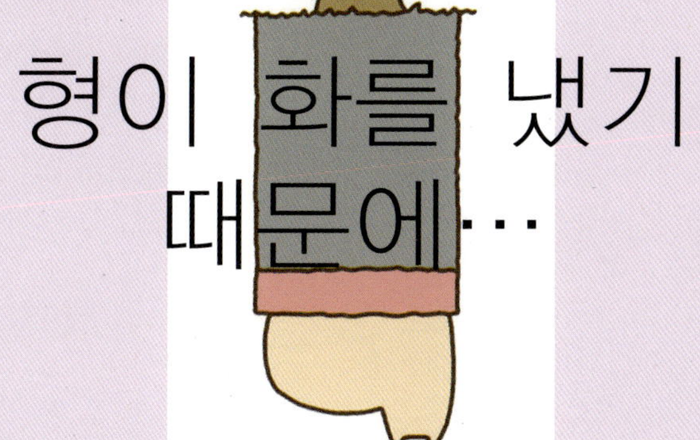

형이 화를 냈기 때문에…

아버지

동생

어떻게 해야 다른 사람에게 좋은 일이 생겼을 때 함께 기뻐할 수 있을까요?

돌아온 아들

[포인트] 함께 기뻐하라.

[중심 성경 구절] "남에게 대접을 받고자 하는 대로 너희도 남을 대접하라"
(누가복음 6:31).

믿음으로 걸어요

교회로 가는 길에 교회에서 만나는 다른 사람들을 기쁘게 해줄 수 있는 일이 무엇일까 생각해보세요. 서로 자기의 계획을 이야기하고, 집에 와서 그 계획을 통해 다른 사람들에게 어떤 기쁨을 주었는지 이야기하세요.

기도하세요

● 식탁 옆에 커다란 전지를 붙이세요. 매일 저녁을 먹을 때마다 그날 식구들에게 일어났던 즐거운 일들을 이야기하세요 ● 그 일들을 모두 적고 서로를 위해 기도하는 시간을 가지세요. 그리고 그렇게 즐거운 시간을 허락하신 하나님께 감사드리세요.

간식 만들기

어른들과 함께 식구들을 위한 맛있는 간식을 만들어보세요. 커다란 유리잔에 바닐라 아이스크림을 큰 숟가락으로 두 번 담으세요. 그리고 잔에다 좋아하는 청량음료를 부어 아이스크림이 위로 뜨게 하세요. 위에 떠오른 아이스 크림을 먹으면서 기쁨이 우리 마음을 그 아이스크림처럼 떠오르게 하는 것에 대해 이야기하세요. 그리고 다른 사람들에게도 같은 기쁨을 전할 수 있는 방법을 생각해보세요.

생활을 살펴보세요

▶ 잠언 17장 22절을 읽으세요.
마음의 즐거움이 좋은 약이 되는 이유는 무엇일까요?

▶ 데살로니가전서 5장 16절을 읽으세요.
어떻게 하면 항상 기뻐할 수 있을까요?

▶ 빌립보서 2장 2-4절을 읽으세요.
이기심은 다른 사람과 함께 즐거워하는 것을 어떻게 방해할까요?

10 죽음을 이기신 예수님

누가복음 23:26~49

누군가를 대신해서 고생한 경험이 있나요?

예수님이 나를 대신해서 십자가에 죽으신 이유는 무엇인가요?

얼마나 자주 하나요?

죄의 목록	1	2	3	4	5	6	7	8	9	10
1. 부모님의 말씀에 불순종했어요.										
2. 다른 사람의 잘못을 흉본 적이 있어요.										
3. 거짓말을 한 적이 있어요.										
4. 헌금을 다른 곳에 사용한 적이 있어요.										
5. 다른 사람의 물건을 빼앗은 적이 있어요.										
6. 친구나 동생을 때린 적이 있어요.										
7. 내 마음을 몰라주는 친구를 미워했어요.										

▶1–3 : 거의 그러지 않아요. ▶4–7 : 가끔 그래요. ▶8–10 : 자주 그래요.

위의 내용들 말고 또 다른 죄가 있나요?

왜 이런 죄를 지으면 안 될까요?

죽음을 이기신 예수님

부모님과 보세요

[포인트] 죄에서 돌아서라.

[중심 성경 구절] "또 약속하신 이는 미쁘시니 우리가 믿는 도리의 소망을 움직이지 말고 굳게 잡아"(히브리서 10:23).

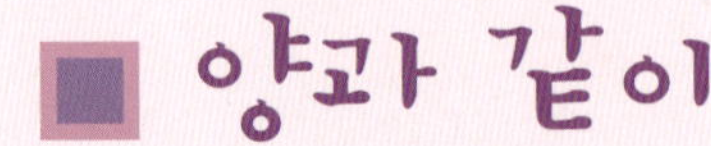

양과 같이

두꺼운 도화지, 빨래집게 2개, 검은색 사인펜, 솜뭉치, 풀, 검은색판지를 준비하세요. 두꺼운 도화지에는 양 그림을 그리고, 색상지에는 꼬리와 귀 그림을 그려 오리세요. 빨래집게 끝을 검은 사인펜으로 칠해서 발톱처럼 보이게 하세요.
빨래집게를 몸통 아래 부분에 집어 발처럼 보이게 하고, 솜뭉치를 풀에 묻힌 다음, 몸통에 붙여 털이 북실북실하게 보이도록 하세요. 그리고 귀와 꼬리를 붙이세요.
완성된 양 모습을 자기 방에 세워놓고 볼 때마다 예수님이 우리를 죄에서 건지셨다는 사실과 이제 우리가 더 이상 목자 잃은 양처럼 헤매지 않아도 된다는 사실을 기억하세요.

기도하세요

● 식구들 모두 화장실에 들어가 문을 닫고 전등을 끄세요 ● 그리고 그 안에 갇혀서 밖으로 나갈 수 없는 상황이라고 가정해보세요 ● 그런 다음 어떻게 예수님이 우리를 죄에서 건지셨는지 이야기 나누세요 ● 또한 손전등을 이용해 갈라디아서 5장 1절을 읽은 다음, 식구들이 돌아가면서 우리를 죄에서 건져주신 하나님께 감사의 기도를 드리세요 ● 마지막으로 화장실에서 나가면서 죄에서 해방된 기분이 어떤지 이야기 나누세요.

생활을 살펴보세요

▶ 요한일서 1장 7-8절을 읽으세요.
지금 여러분을 얽매고 있는 죄는 무엇인가요?

▶ 요한일서 2장 2절을 읽으세요.
예수님도 용서하시지 못할 사람이 있을까요? 예수님은 어떻게 모든 사람의 모든 죄를 다 용서하실 수 있을까요?

▶ 로마서 3장 24절을 읽으세요.
하나님이 우리에게 값없이 주시는 것은 무엇일까요? 그것은 어떻게 받을 수 있는 걸까요?

부활하신 예수님

요한복음 20:24~31

✎ 왜 도마는 예수님이 부활하셨다는 것을 의심했을까요?

✎ 예수님은 믿지 못하는 도마를 어떻게 도와주셨나요?

◉ 예수님의 자녀다운 모습을 어떻게 보여줄 수 있을까요?

• 친구가 무거운 물건을 들고 갈 때.

• 새로 전학온 친구가 혼자 놀고 있을 때.

• 친구가 다쳤을 때.

• 친구가 준비물을 잊고 왔을 때.

11 부활하신 예수님

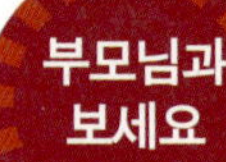

[포인트] 부활하신 예수님을 믿으라.

[중심 성경 구절] "또 약속하신 이는 미쁘시니 우리가 믿는 도리의 소망을 움직이지 말고 굳게 잡아"(히브리서 10:23).

믿음의 발걸음

예수님은 마태복음 21장 21-22절에서 믿음이 있으면 산도 움직일 수 있다고 말씀하셨어요. 머리맡에 다음과 같은 작은 산을 만들어보세요.

산을 움직이는 믿음 만드는 법

준비물: 밀가루 1컵, 소금 1/3컵, 물 1/3컵

1. 재료를 잘 섞어 밀가루 반죽을 만드세요.
2. 30cm짜리 골판지를 바닥에 깔고 그 위에 반죽을 올려놓으세요.
3. 반죽으로 산 모양을 만들고 꼭대기에 작은 막대기를 꽂으세요.
4. 그대로 하룻밤 정도 말린 다음 색칠을 하세요.
5. 색인카드에 마태복음 21장 21-22절을 적어 막대기에 붙이세요.
6. 완성된 작은 산을 잠자리 머리맡에 두세요.

믿음이 약해지거나 의심이 들 때 믿음의 산을 바라보며 예수님께 믿음을 달라고 기도하세요. 그런 다음 예수님이 도와주실 것을 믿고 믿음의 산을 다른 곳에 움직여놓으세요.

▶ 마태복음 21장 21-22절을 읽으세요.

예수님은 우리가 믿음으로 어떤 일을 할 수 있다고 말씀하셨나요? 여러분이 해야 일 중에서 큰 믿음이 있어야 할 수 있는 일을 이야기해보세요.

▶ 마가복음 5장 24-34절을 읽으세요.

그 여인은 어떤 방법으로 큰 믿음을 나타냈을까요? 그리고 예수님은 어떤 상급을 주셨나요?

▶ 마태복음 18장 6절을 읽으세요.

왜 예수님은 아이들이 예수님을 믿기 원하실까요? 여러분이 예수님을 믿지 못하도록 다른 사람들은 어떻게 방해할 수 있을까요?

예수마당 성경공부 12

다시 오실 예수님

사도행전 1:1~11

✎예수님이 하늘로 올라가시기 전에 제자들에게 부탁하신 것은 무엇이었나요?

✎예수님은 왜 이땅에 다시 오신다고 약속하셨을까요?

◉ 내가 버려야 할 습관과 계속 지켜야 할 습관은 무엇인가요?

✲버려야 해요.

✲꼭 붙잡아야 해요.

예수님! 저는 ________________ 처럼 살겠어요.

12 다시 오실 예수님

부모님과 보세요

[포인트] 천국 백성답게 살라.

[중심 성경 구절] "또 약속하신 이는 미쁘시니 우리가 믿는 도리의 소망을 움직이지 말고 굳게 잡아"(히브리서 10:23).

예수님과 태양

우리 주변에서 가장 능력이 많은 것 중 하나가 태양이에요. 다음과 같이 태양을 이용한 간이 조리 기구를 만들어 태양의 능력이 얼마나 대단한지를 알아보세요. 이 활동은 햇빛이 쨍쨍 내리쬐는 날 가장 하기가 좋습니다.

방 법

1. 작은 종이 상자를 구해 안쪽을 알루미늄 호일로 싸세요.
2. 감자나 소시지를 얇게 썰어 상자 안에 담으세요.
3. 상자를 햇빛이 잘 드는 곳에 두세요.
4. 랩을 이용해 상자를 덮어 열이 빠져나가지 않게 하세요.
5. 감자나 소시지가 익도록 몇 시간 정도 놔두세요.

태양의 힘은 정말 대단한 것입니다. 그러나 하나님의 아들이신 예수님과는 비교가 되지 않습니다. 예수님의 능력과 예수님이 우리를 도와주시기 위해 그 능력을 어떻게 발휘하시는지 이야기를 나누세요. 이 활동 대신에 돋보기를 통해 종이에 불을 붙이는 활동을 해도 좋습니다.

기도하세요

● 가족이 모두 모여 각자 종이 비행기를 만드세요 ● 그리고 누가 만든 비행기가 가장 멀리, 가장 똑바로, 가장 높이 나는지 시합을 해보세요 ● 그리고 우리가 천국에서 살 수 있도록 인도하시는 예수님의 능력이 얼마나 대단한지 이야기를 나누세요 ● 그런 다음 우리도 예수님과 함께 천국에서 거할 수 있도록 하신 예수님께 감사의 기도를 드리세요.

생활을 살펴보세요

▶ **요한복음 20장 31절을 읽으세요.**
어떻게 하면 영생을 얻을 수 있나요?

▶ **히브리서 5장 9절을 읽으세요.**
예수님은 어떻게 영생을 주실 수 있을까요?

▶ **로마서 8장 38-39절을 읽으세요.**
왜 예수님은 우리에게 영생을 주시길 원하실까요?

팝콘 만들기

전자 레인지를 이용해 팝콘을 구워보세요. 튀겨지지 않은 옥수수 알을 한쪽에 골라내면서, 어떻게 전자레인지에서 나오는 열이 팝콘을 튀겨내는지 이야기해보세요. 그리고 그 밖에 진공 청소기, 난로, 선풍기와 같이 큰 에너지를 일으키는 기구들을 살펴보세요. 그리고 팝콘을 먹으며 에베소서 1장 18-22절을 읽으세요. 예수님은 이 모든 기구들보다 얼마나 강한 분인지 이야기 나누세요.

13 예수님과 함께 영원히

요한계시록 21:1~5

천국에 있는 것은?

▷

▷

▷

▷

천국에 없는 것은?

▷

▷

▷

▷

천국에 들어가면 어떤 점이 가장 좋을까요?

천국에 가면 가장 만나고 싶은 사람은 누구인가요?

천국에 꼭 함께 가고 싶은 사람은 누구인가요?

13 예수님과 함께 영원히

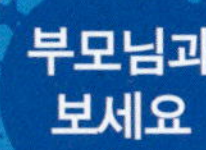

[포인트] 천국을 기대하라.

[중심 성경 구절] "또 약속하신 이는 미쁘시니 우리가 믿는 도리의 소망을 움직이지 말고 굳게 잡아"(히브리서 10:23).

천국 초청장

예수님은 우리가 천국에 들어갈 때 커다란 잔치가 있을 거라고 말씀하셨어요. 집에 친구나 이웃을 초청해서 천국 잔치를 베풀어보세요. 멋진 천국의 모습과 천국에 어떤 일들이 있는지 글로 적어 초청장을 만들어보세요. 내용은 다음 구절들을 참조하세요.

고린도전서 2장 9절 : 우리가 전에 본 적도, 들은 적도, 상상한 적도 없은 좋은 것들이 있을 거예요.
빌립보서 3장 20-21절 : 우리의 몸이 변화될 거예요.
요한계시록 21장 1-4절 : 그곳에는 죽음도, 눈물도, 슬픔이나 고통도 더 이상 없을 거예요.
요한복음 14장 3절 : 우리가 거할 멋진 집이 준비될 거예요.

이 초청장을 천국에서 먹을 만한 멋진 음식과 함께 전해주세요.

기도해보세요

● 식구들이 모두 모여 각자 갖고 있는 열쇠를 꺼내 그 열쇠들이 무엇을 여는 것인지 이야기하세요 ● 그리고 요한복음 14장 6절을 읽고 천국 열쇠를 갖고 있는 사람은 누구인지 이야기 나누세요 ● 우리가 천국에 들어갈 열쇠가 되어주신 예수님께 감사의 기도를 드리세요.

▶ 마태복음 5장 12절을 읽으세요.
여러분은 천국에서 어떤 상급을 받고 싶나요?

▶ 마태복음 19장 21절을 읽으세요.
어떻게 하면 천국에서 보물을 얻을 수 있을까요?

▶ 누가복음 10장 20절을 읽으세요.
여러분의 이름이 천국에 기록되어 있을까요? 왜 그런가요?

14 값없이 받는 선물

로마서 3:23~24

✎왜 하나님은 값없이 우리에게 구원이라는 선물을 주셨을까요?

✎그런데 왜 사람들은 하나님의 값없는 사랑을 받아들이지 않을까요?

하나님의 사랑은?

그 사랑을 이렇게 나눌래요.

나는 하나님의 ________을 나눌래요.

값없이 받는 선물

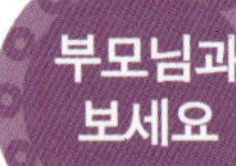

[포인트] 사랑을 선물로 받으라.

[중심 성경 구절] "너희는 하나님께로부터 나서 그리스도 예수 안에 있고 예수는 하나님께로서 나와서 우리에게 지혜와 의로움과 거룩함과 구속함이 되셨으니"(고린도전서 1:30).

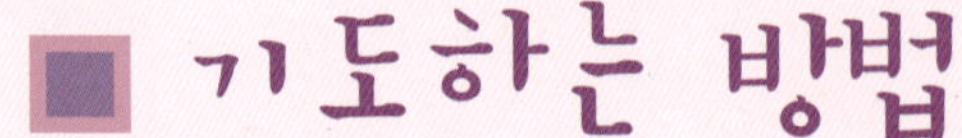

기도하는 방법

상자에 맛있는 간식을 담아 예쁘게 포장한 후 '당신을 위해 준비했어요' 라고 쓴 작은 카드를 붙여서 준비해보세요. 온 가족이 모인 식사 시간에 선물을 가져오세요. 단, 누구에게 줄 것인지는 말하지 마세요. 식사를 마친 뒤 돌아가며 그 선물 상자에 무엇이 들어 있을지 맞혀보게 하세요. 모두들 자신의 생각을 말하고 나서 이렇게 말하세요. "이 선물은 세상 무엇으로도 살 수 없습니다. 하지만 모두에게 값없이 주어지는 것입니다."
그러고 나서 선물 상자를 개봉하여 맛있게 나누어 먹으세요. 그와 함께 하나님의 사랑이 우리에게 얼마나 큰 선물이며, 그 선물을 받을 때 우리는 얼마나 기쁜지를 이야기해보는 시간을 가지세요. 간식을 먹기 전에 돌아가면서 사랑의 선물을 주신 하나님께 감사하는 시간을 가져도 좋아요.

함께 만들어봐요

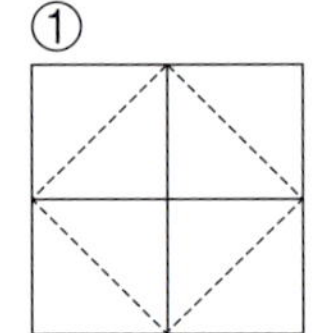

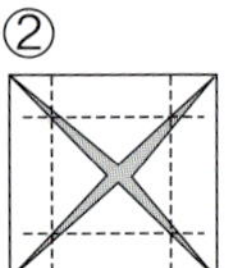

종이접기로 사랑의 선물 상자를 만들어보세요. 색종이를 그림과 같이 접으세요.

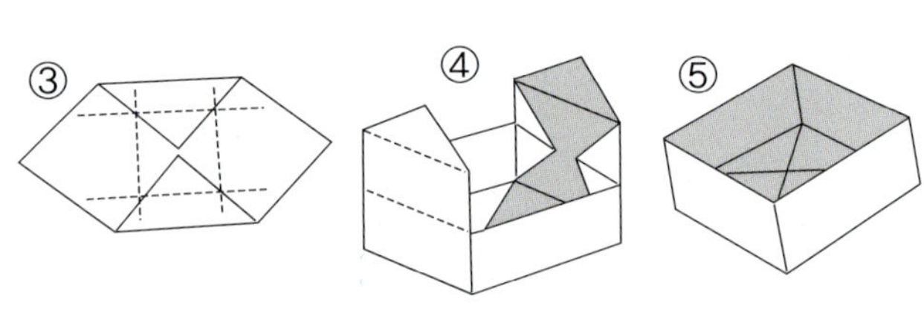

1. 색종이를 네 개의 정사각형이 나오도록 두 번 접은 후에 펼치고, 각 모서리 부분을 중심부에 맞춰 다시 접으세요.
2. 사각형의 네 변을 중심부까지 길이의 절반으로 접었다가 펴세요. 그런 다음 사각형을 대각선으로 한 번씩 접었다 다시 펴세요.
3. 색종이를 모두 편 후에 마주보는 두 모서리 부분만을 중심부를 향해 접으세요.
4. 모서리가 접힌 두 부분의 절반을 안쪽으로 접어 세운 뒤에, 다른 두 모서리 부분은 곧추 세우고 끝부분을 중심부를 향해 안쪽으로 접어 넣으세요.

다른 색종이를 접어 상자의 뚜껑을 만드세요. 상자 안에 작은 선물을 넣고 다른 사람들에게 주게 하세요. 그리고 선물을 주는 이유는 '단지 너를 사랑하니까' 라고 말하세요.

생활을 살펴보세요

▶ 디도서 3장 5절을 읽으세요.
하나님은 예수님을 통해 내게 새 생명을 주신 후에 나를 보시면서 어떤 기분이 드실까요?

▶ 디모데후서 1장 8-9절을 읽으세요.
내가 하나님의 백성이라는 것을 다른 사람들에게 어떻게 보여줄 수 있을까요?

깨끗하게 씻겼네

요한일서 1:5~9

✐하나님은 왜 우리가 회개하면 우리의 죄를 용서해주실까요?

✐만약 우리가 끝까지 죄를 회개하지 않으면 어떻게 될까요?

✲고백했어요.

✲고백할래요.

깨끗하게 씻겼네

부모님과 보세요

[포인트] 죄를 정직하게 고백하라.

[중심 성경 구절] "너희는 하나님께로부터 나서 그리스도 예수 안에 있고 예수는 하나님께로서 나와서 우리에게 지혜와 의로움과 거룩함과 구속함이 되셨으니"(고린도전서 1:30).

믿음의 행로

레몬 주스에 면봉을 찍어 흰 종이에 자신의 죄를 적으세요. 몇 분 동안 종이를 따로 두어 말렸다가 전등을 켜세요. 백지를 전구 가까이 가져가면 보이지 않던 죄가 갑자기 나타나게 될 거예요. 그때 다음의 질문들에 대해 생각하는 시간을 가지세요.

- 여러분은 자신의 죄를 어떻게 감추나요?
- 그러면 자신의 죄가 안 보이게 되나요?
- 죄를 고백할 때 정말로 우리가 지은 죄가 사라지나요?

기도합시다

● 온 가족이 모여 하나님께 고백할 죄가 있는지 생각해보세요 ● OHP나 투명 필름에 각자의 죄를 수성 사인펜으로 적어보세요 ● 그런 다음 플라스틱 판에 적힌 죄에 관하여 하나님께 고백하고 용서를 구하는 기도를 드리세요 ● 기도를 마치고 나면 죄의 목록이 적힌 투명 필름을 물로 씻어 수성 사인펜 글씨가 없어지게 하세요 ● 그리고 죄를 용서해주시는 하나님께 감사의 찬양을 드리세요.

기도카드 만들기

도화지에 하트 모양을 그린 후에 잘라내어 잘못을 고백하고 싶은 사람에게 그것을 건네주면서 진심으로 사과한다고 말하세요. 그 사람이 여러분을 용서한다면 용서와 더불어 하트를 돌려줌으로써 여러분의 마음이 깨끗하게 됐음을 보여달라고 하세요.

생활을 살펴보세요

▶ 요한일서 1장 8-9절을 읽으세요.

죄는 우리의 생활에 어떤 영향을 미치나요? 우리가 죄를 고백해야 하는 이유는 무엇인가요?

▶ 시편 51편 15-17절을 읽으세요.

하나님은 우리가 무엇을 드리길 원하실까요? 하나님이 원하시는 대로 하는 방법들에는 무엇이 있나요?

사랑을 전해요

요한일서 4:7~21

◉ 어떻게 하나님의 사랑을 보여줄 수 있을까요?

■ 동생이 아파요. 어떻게 할까요?

■ 친구가 내 장난감에 관심이 있어요. 어떻게 할까요?

■ 부모님이 무척 힘들어하세요. 어떻게 할까요?

■ 친구가 따돌림을 당해요. 어떻게 할까요?

이번 주에 나는 ____________에게 사랑을 보여줄래요.

사랑을 전해요

부모님과 보세요

[포인트] 서로 사랑하라.

[중심 성경 구절] "너희는 하나님께로부터 나서 그리스도 예수 안에 있고 예수는 하나님께로서 나와서 우리에게 지혜와 의로움과 거룩함과 구속함이 되셨으니"(고린도전서 1:30).

공작 활동

두꺼운 도화지에 아이의 손을 대고 외곽선을 따라 그리세요. 그림의 손바닥 쪽에는 '사랑은 하나님에게서 와요' 라고 쓰고, 각 손가락마다에는 아이가 사랑하는 가족이나 친구 중 어느 한 사람에 관련된 좋은 내용을 적게 하세요. 상대방의 어떤 점이 좋으며 어떤 점이 사랑스러운지를 적는 거예요. 가위로 손 그림을 오린 뒤에 그 사람이 가족이라면 집 안에 있는 문에, 그 사람이 같은 반 학교 친구라면 그 친구의 책상에 붙이게 하세요. 그리고 그 사람을 얼마나 사랑하는지 말하고 껴안아주거나 칭찬의 말을 해주게 하세요.

기도하세요

●포스트잇에 "하나님의 사랑!"이라고 적고 스넥이나 과자의 포장지에 붙여놓으세요. ●온 가족이 모여 한 사람씩 릴레이로 다른 사람에게 간식을 건네주며 사랑을 전하세요. ●마지막 사람까지 간식을 받으면 함께 맛있게 먹어요. ●그리고 우리를 사랑하시는 하나님께 감사의 찬양과 기도를 드리세요. 친척이나 친구중에서 하나님의 사랑을 모르는 사람을 위해서도 기도해요.

생활을 살펴보세요

▶ 로마서 13장 10절을 읽으세요.

우리 가족이 로마서의 이 충고를 따른다면 어떻게 될까요? 학교나 모임에서 이 말씀대로 실천한다면 어떻게 될까요?

▶ 요한일서 4장 20-21절을 읽으세요.

자기가 잘 알고 가까이 있는 사람을 사랑하기가 어려운 이유는 무엇일까요? 하나님을 향한 나의 사랑을 보여주려면 무엇을 해야 할까요?

▶ 로마서 5장 8절을 읽으세요.

하나님이 우리를 사랑하신다는 것을 이 구절은 어떻게 말해주고 있나요? 예수님이 십자가에서 죽지 않으셨다면 우리는 어떻게 되었을까요?

특별한 인도

요한복음 16:5~16

◉ 성령님의 인도하심을 간구해요.

학교에서

집에서

교회에서

놀이터에서

나는 __________의 인도를 받을래요. 사인: __________

17 특별한 인도

부모님과 보세요

[포인트] 성령의 인도를 따르라.

[중심 성경 구절] "너희는 하나님께로부터 나서 그리스도 예수 안에 있고 예수는 하나님께로서 나와서 우리에게 지혜와 의로움과 거룩함과 구속함이 되셨으니"(고린도전서 1:30).

기타 등등

가족과 함께 주사위 던지기 게임을 하세요. 먼저 각자 좋아하는 숫자를 하나씩 정하고 또 어떤 일을 할지를 정하세요. 자기가 선택한 숫자가 나오면 하기로 약속한 일을 식구들에게 해주세요. 예를 들면 식사 후 과일 디저트로 사과를 대접하거나, 설겆이하기로 정할 수 있습니다. 이렇게 몇 개의 항목을 정해 게임을 한 후에 성령님이 우리가 할 일들을 인도해주시면 얼마나 좋을지 이야기해보세요.

재미있는 음식

껍질을 벗기지 않은 바나나와 땅콩 등을 준비하세요. 비록 바나나나 땅콩의 껍질을 벗기지는 않았지만 껍질 속에는 맛있는 것이 들어 있음을 알 수 있듯이, 성령님도 우리 눈에 보이지는 않지만 언제나 늘 우리와 함께 하신다는 것을 이야기해주세요. 땅콩을 잘게 부수고 그 위로 바나나를 굴려 바나나 전체에 땅콩 부스러기가 묻게 하세요. 그런 다음 맛있게 먹으세요.

믿음의 행로

저녁 식사 때마다 촛불을 켜서 성령님이 함께하신다는 것을 기억하는 장치로 삼으세요. 식사를 하면서 그날 성령님이 언제 함께해주셨는지, 또 어떻게 인도해주셨는지를 얘기해보세요. 매일의 생활에서 그런 조력자가 있다는 것이 얼마나 힘이 되는지도 이야기해보세요.

생활을 살펴보세요

▶ **요한복음 14장 15-16절을 읽으세요.**

세상은 왜 성령님을 이해하지 못하나요?

▶ **요한복음 14장 25-26절을 읽으세요.**

성령님은 어떻게 여러분이 하나님을 알 수 있도록 도우셨나요?

▶ **갈라디아서 5장 22-23절을 읽으세요.**

이 열매들이 어떻게 여러분이 건강해지도록 도울 수 있나요?

인도해주세요

시편 119:11, 105

◉ 하나님의 말씀대로 사는 사람이라면 어떻게 해야 할까요?

요한복음 4:24
예배 시간에 친구와 장난치고 싶어요. 어떻게 할까요?

로마서 15:1
친구가 다쳤어요. 어떻게 할까요?

요한복음 13:34
친구와 싸웠어요. 어떻게 할까요?

빌립보서 4:6
너무 걱정이 많아요. 어떻게 할까요?

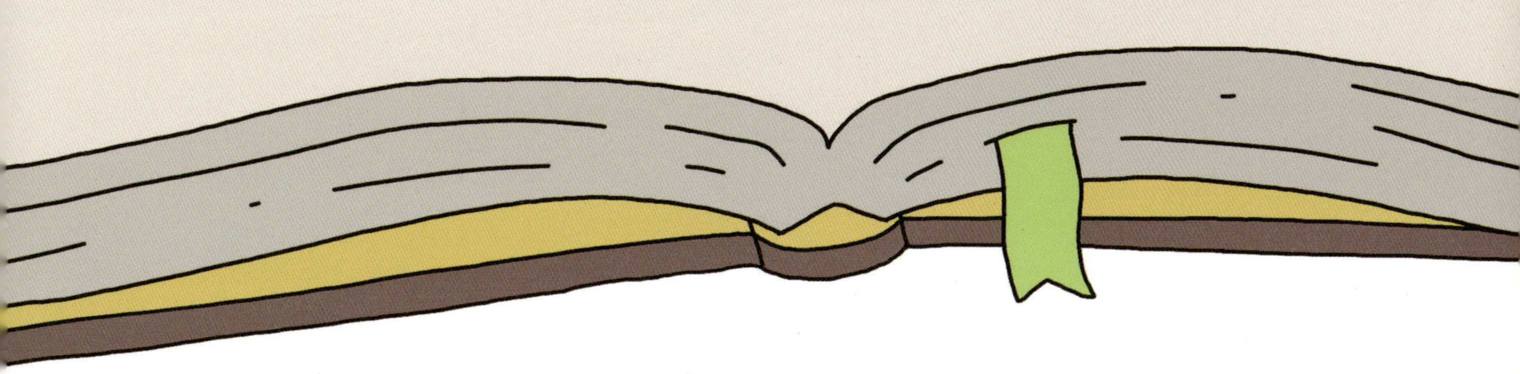

18 인도해주세요

부모님과 보세요

[포인트] 성경 말씀을 따라 살라.

[중심 성경 구절] "그런즉 누구든지 그리스도 안에 있으면 새로운 피조물이라 이전 것은 지나갔으니 보라 새 것이 되었도다"(고린도후서 5:17).

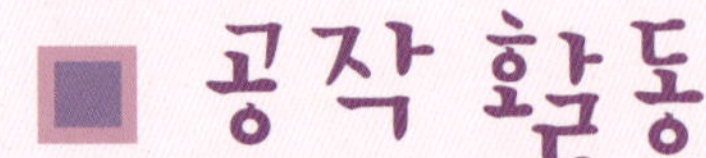

공작 활동

성경이 얼마나 중요한지 알려주는 책갈피를 만드세요. 낡은 지도를 책갈피 크기로 자르고, 양쪽 면에는 '성경은 내 인생의 지도'라고 적으세요. 코팅을 한 다음 날카로운 부분은 다듬어주세요. 성경을 읽을 때마다, 지금 읽고 있는 그 말씀이 우리를 바르게 살도록 인도하는 인생 지도라는 사실을 기억하세요.

가족 활동

화분에 담긴 식물 두 개를 준비하세요. 하나는 햇빛이 잘 드는 창가에 두고, 다른 하나는 햇빛이 안 드는 어두운 구석에 놓으세요. 한 주일이 지난 뒤에 식물이 어떻게 차이를 보이는지 확인하세요. 그리고 하나님의 말씀이 우리가 그리스도인으로 건강하고 튼튼하게 자랄 수 있게 돕는다는 사실을 가족들끼리 이야기해보세요.

믿음의 행로

다음 한 달 동안 잠언을 읽으세요. 모두 31장이니까 하루에 한 장씩 읽으면 한 달이 걸립니다. 매일 한 장씩 읽어나가는 동안 그것을 읽고 느낀 점이나 새롭게 알게 된 내용을 기록해가세요. 새롭게 깨달은 내용들이 하루하루 살아가는 동안 도움이 될 때마다 기록해서 나눠 보세요.

생활을 살펴보세요

▶ 누가복음 4장 1-12절을 읽으세요.

예수님이 알고 계셨던 성경 지식은 어려운 상황에 부딪혔을 때 어떻게 도움을 주었나요? 여러분이 최선의 선택을 하기 위해 성경의 도움을 받았던 적이 있었나요?

▶ 디모데후서 2장 16절을 읽으세요.

같은 또래의 아이들은 어떤 식의 불경건한 말들을 하나요? 성경 지식이 이런 일을 하지 않도록 어떻게 도와주나요?

▶ 야고보서 1장 22-25절을 읽으세요.

성경의 어느 부분이 기억하기 가장 어려운가요? 그 부분을 기억하는 데 도움이 되는 것은 무엇일까요?

하나님이 듣고 계세요

마태복음 7:7~11

✎ 오늘 말씀은 하나님을 어떤 분이라고 알려주나요?(마 7:11)

✎ 하나님 아버지를 믿고 구할 때 어떤 일이 일어날까요?(마 7:11, 막 11:24)

◉ 하나님께 기도 메일을 보내세요.

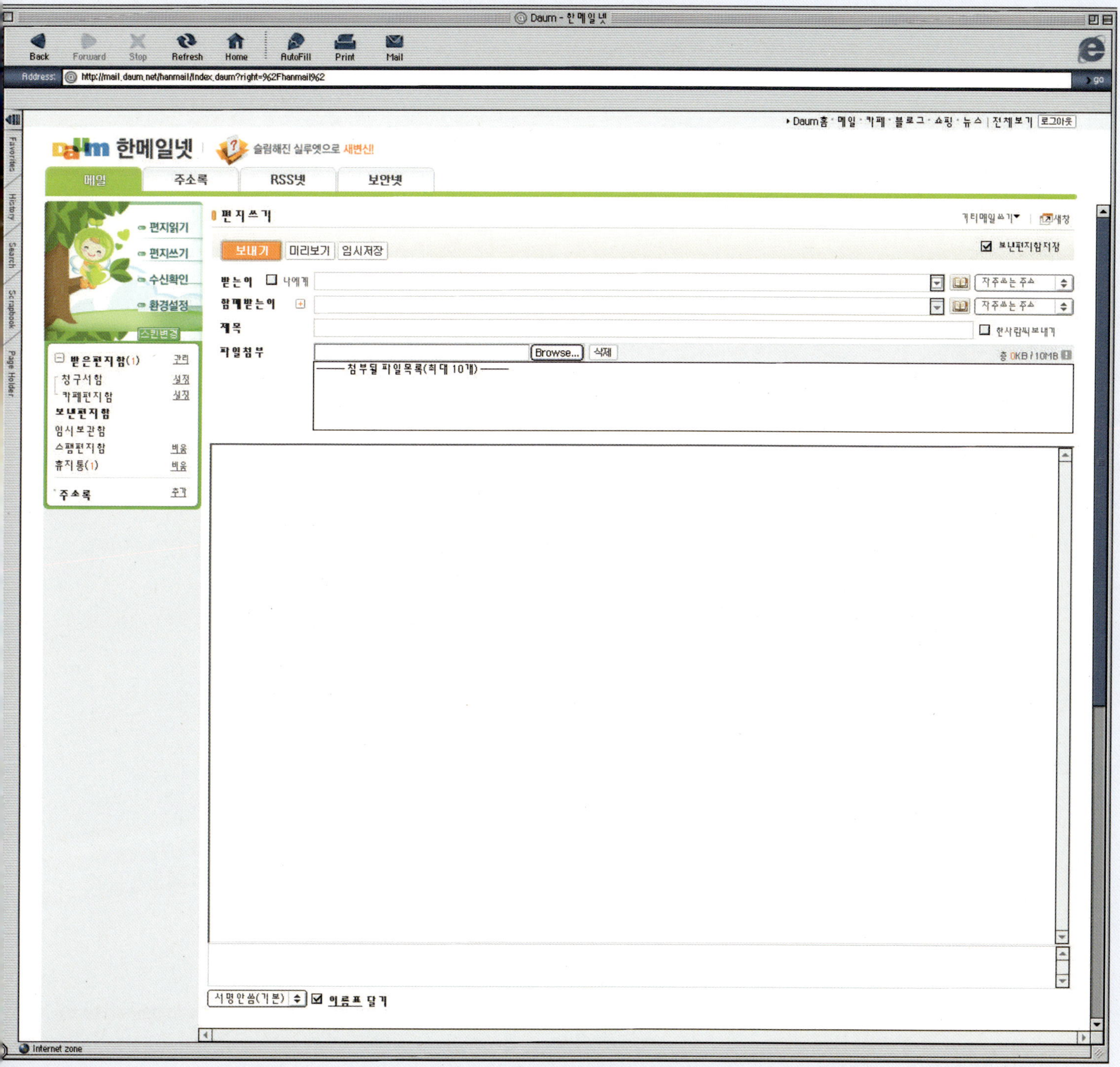

Daum - 한메일넷

Back Forward Stop Refresh Home AutoFill Print Mail

Address: http://mail.daum.net/hanmail/Index.daum?right=%2Fhanmail%2

Daum홈 · 메일 · 카페 · 블로그 · 쇼핑 · 뉴스 | 전체보기 | 로그아웃

Daum 한메일넷 | 슬림해진 실루엣으로 새변신!

메일 | 주소록 | RSS넷 | 보안넷

편지읽기
편지쓰기
수신확인
환경설정
스킨변경

받은편지함(1) 관리
청구서함 설정
카페편지함 설정
보낸편지함
임시보관함
스팸편지함 비움
휴지통(1) 비움
주소록 추가

편지쓰기 | 기티메일쓰기 | 새창

보내기 | 미리보기 | 임시저장 | ☑ 보낸편지함저장

받는이 ☐ 나에게 | 자주쓰는 주소

함께받는이 | 자주쓰는 주소

제목 | ☐ 한사람씩보내기

파일첨부 | Browse... | 삭제 | 총 0KB / 10MB

첨부될 파일목록(최대 10개)

서명안씀(기본) | ☑ 이름표 달기

Internet zone

하나님이 듣고 계세요

부모님과 보세요

[포인트] 하나님을 믿고 구하라.

[중심 성경 구절] "그런즉 누구든지 그리스도 안에 있으면 새로운 피조물이라 이전 것은 지나갔으니 보라 새 것이 되었도다"(고린도후서 5:17).

공작 활동

종이컵 두 개와 실을 이용해 전화기를 만드세요. 종이컵 밑바닥 가운데에 구멍을 뚫고 실을 꿰어 끝이 빠지지 않게 매듭지으세요. 같은 방법으로 종이컵 하나를 더 연결하세요. 실이 팽팽하게 당겨진 상태에서 종이컵을 들고 이야기를 나눠보세요. 실을 팽팽하게 했다가 느슨하게도 했다가 하면서 이야기를 나눠보세요. 하나님과 정확하게 의사 소통을 하려면 어떻게 해야 할지 이야기해보세요.

기도 카드 만들기

이번 주 초에, 조그만 기도 카드를 만들고 가족들의 기도 제목을 각자 적으세요. 저녁 시간에 모여 서로의 기도 카드를 나누고 함께 기도하는 시간을 가지세요. 기도 카드를 학교에 가지고 가서 어느 때든 기억날 때마다 기도하세요. 이번 주가 끝나갈 때, 기도의 응답이 있으면 기도 카드에 응답된 내용을 날짜와 함께 적어놓으세요. 그리고 이 카드를 볼 때마다 하나님이 얼마나 신실하게 응답해주셨는지를 기억하세요.

생활을 살펴보세요

▶ **빌립보서 1장 3-4절을 읽으세요.**

바울이 이런 자세로 기도를 했을 때 그것을 어떤 악기 소리와 같다고 할 수 있을까요? 나의 기도 소리는 어떤 악기 소리로 비유할 수 있을까요?

▶ **다니엘 9장 4절을 읽으세요.**

다니엘의 기도는 어떤 면에서 하나님을 기쁘시게 했다고 생각하나요?

내 손을 잡아요

사도행전 11:22~30

바나바와 같은 사람이 주변에 있을 때 어떤 일이 벌어질까요?

◉ 내가 할 수 있는 격려는?

TODAY | TOTAL 401

격려 릴레이

오늘도 사이좋은 사람들과 행복한 하루를... EDIT

글꼴설정 방명록관리

NO. 입으로 할 수 있는 격려

NO. 손으로 할 수 있는 격려

NO. 표정으로 할 수 있는 격려

NO. 마음으로 할 수 있는 격려

그런 즉 누구든지 그리스도 안에 있으면 새로운 피조물이라 이전 것은 지나갔으니 보라 새것이 되었도다 (고린도후서 5:17).

EDIT HISTORY

일촌 클럽

★일촌 파도타기

홈 프로필 사진첩 동영상 방명록 관리

내 손을 잡아요

부모님과 보세요

[포인트] 격려함으로 다른 사람을 세우라.

[중심 성경 구절] "그런즉 누구든지 그리스도 안에 있으면 새로운 피조물이라 이전 것은 지나갔으니 보라 새 것이 되었도다"(고린도후서 5:17).

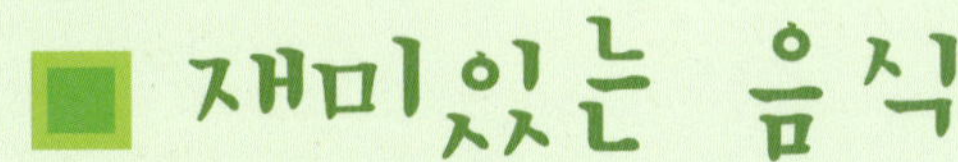

집에서 누룩을 넣어 빵을 만들어보세요. 밀가루 반죽에 누룩을 넣을 때 어떤 반응이 일어나는지 직접 확인해보고, 어떻게 그런 조그만 누룩이 큰 일을 일으킬 수 있는지 이야기해보세요. 그리고 누룩처럼 우리들의 작은 격려가 사람들에게 큰 힘이 될 수 있음을 배우는 시간으로 삼으세요.

격려 동동

유리컵에 절반 가량 탄산 음료를 채우세요. 거기에 소금 한 숟가락을 넣어 반응을 살펴보세요. 그런 뒤에 탄산 음료에 넣은 소금과 격려가 어떤 점에서 서로 비슷한지 이야기해보고, 격려가 우리의 생활에 어떤 변화를 일으킬 수 있는지도 이야기해보세요.

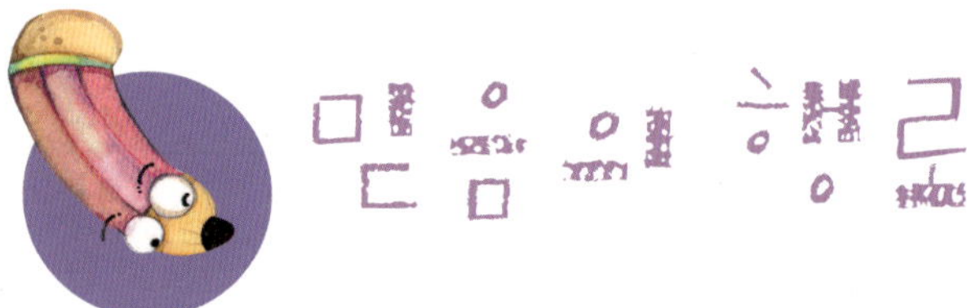

이번 주에는 바나바가 되어보세요. 격려나 도움이 필요한 사람이 있으면 찾아가 도와주세요. 힘이 될 만한 간단한 편지도 좋고 사랑을 담은 작은 선물도 좋습니다. 그러면서 예수님이 그 사람을 얼마나 사랑하시는지를 알려주세요. 다음 주에는 새로운 사람에게 가서 바나바처럼 도와주세요.

▶ 데살로니가전서 4장 13-18절을 읽으세요.
예수님이 다시 오신다는 사실은 어떻게 믿는 사람들에게 격려가 되나요? 이 성경 본문이 여러분에게는 어떤 격려가 되나요?

▶ 데살로니가후서 3장 16절을 읽으세요.
하나님은 어떻게 여러분을 격려하시나요?

▶ 히브리서 10장 25절을 읽으세요.
여러 사람들이 함께 만나는 것이 어떻게 서로에게 격려와 힘이 될 수 있나요?

섬기겠어요

➾ 요한복음 13:1~17

✎ 왜 제자들은 서로에게 발을 먼저 씻겨주지 못했을까요?

✎ 예수님이 제자들의 발을 씻겨주셨을 때 제자들은 어떤 생각을 했을까요?

◉ 누구를 어떻게 섬길까요?

부모님

교회

동생

친구

"내가 주와 또는 선생이 되어 너희 발을 씻겼으니 너희도 서로 발을 씻기는 것이 옳으니라"
(요한복음 13장 14절).

21 섬기겠어요

[포인트] 섬김을 연습하라.

[중심 성경 구절] "그런즉 누구든지 그리스도 안에 있으면 새로운 피조물이라 이전 것은 지나갔으니 보라 새 것이 되었도다"(고린도후서 5:17).

재미있는 음식

즐거운 간식 시간을 가져보세요. 종이 조각에 각자의 이름을 쓰고 반으로 접으세요. 그리고 그것을 컵이나 그릇 속에 넣으세요. 가족끼리 종이를 하나씩 꺼내 거기 이름이 써 있는 사람에게 간식을 먹여주세요. 모두들 간식을 먹여주고 나면, 함께 간식을 먹으며 다른 사람을 섬기는 경험이 어떤 것인지 이야기를 나누세요.

기도하세요

● 따뜻한 물이 담긴 세숫대야와 여러 장의 수건을 준비하세요 ● 가족끼리 서로의 발을 씻겨주면서 그 사람을 위해 기도하는 시간을 가지세요 ● 모두의 발을 씻겨주고 난 뒤 함께 기도하세요 ● 우리 가족을 사랑하시고 사랑으로 섬기는 종의 모범을 친히 보여주신 예수님을 보내주신 하나님께 감사를 드리세요.

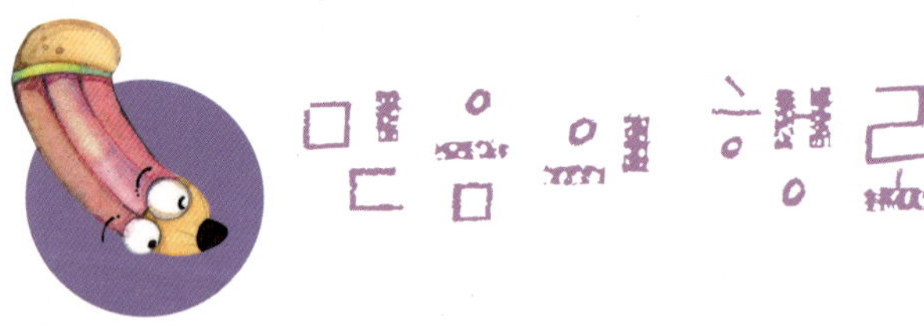

누군가를 도울 수 있는 계획을 세우세요. 간단하게는 집 앞을 청소한다거나 교회 영아부에 가서 아이들을 돌볼 수도 있어요. 가정에서 여건이 허락하는 대로 예수님의 섬김의 본을 따를 수 있는 방법들을 찾아 아이들과 함께 해보세요.

▶ 마태복음 20장 25-28절을 읽으세요.

여러분이 회사의 사장일 경우 이 구절은 어떻게 당신이 섬김의 모습을 보이도록 도와줄까요? 그 밖에 팀의 리더일 경우, 돌보아주어야 할 아이가 있는 경우, 학생일 경우 등도 생각해보세요.

▶ 빌립보서 2장 6-8절을 읽으세요.

예수님이 이땅에 계실 때 어떻게 섬김의 모습을 보이셨는지 말해보세요.

▶ 디모데전서 4장 12절을 읽으세요.

여러분이 아는 사람 가운데 하나님의 종이라고 생각되는 사람이 있나요? 그 사람을 하나님의 종으로 볼 수 있는 이유는 무엇인가요? 그 사람이 어떤 모범을 보여주었나요?

수마당
성경공부
22
도와주세요
마태복음 25:31~46
◉ 누구를 어떻게 도울까요?
500
10000
• 내가 가진 것으로 어떻게 도울 수 있나요?
• 나의 시간으로 어떻게 도울 수 있나요?
일일 계획표!
• 나의 손과 발로 어떻게 도울 수 있나요?
기도제목
• 나는 누구를 위해 기도할 수 있나요?

도와주세요

부모님과 보세요

[포인트] 예수님을 섬기듯 도우라.

[중심 성경 구절] "그런즉 누구든지 그리스도 안에 있으면 새로운 피조물이라 이전 것은 지나갔으니 보라 새 것이 되었도다"(고린도후서 5:17).

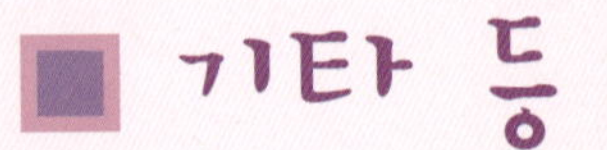

기타 등등

마태복음 25장 35-36절의 예수님 말씀을 가지고 카드를 만드세요. 카드 한 면에 예수님의 말씀 하나를 적으세요. 예를 들면 '나는 목마르다' 라고 적으세요. 이런 식으로 성경 구절에 나온 내용을 따라 여러 장의 카드를 만들 수 있어요. 그리고 매일 아침마다 그 카드를 읽고 그날 하루는 주변에 그런 필요를 가지고 있는 사람을 찾으세요. 예를 들면 회사에서 돌아오신 아빠에게 시원한 물 한 잔을 드릴 수 있겠죠. 카드의 내용에 따라 동생에게 과자를 먹여줄 수도 있고, 교회에 새로 나온 사람이 있을 때 친구가 되어주는 것도 좋아요. 그래서 누군가를 돕고 나면 카드 뒷면에 자기가 실천한 내용을 적어두면 됩니다.

감사 카드

감사 카드를 만드세요. 그런 다음 가족이나 다른 사람들이 여러분을 도와주었을 때 이 카드에 감사의 마음을 담아 전하는 거예요. 카드에는 '오늘 저에게________ 해주셔서 정말 감사드려요' 라고 적어놓았다가 카드를 전할 때 밑줄 안에 적당한 내용을 쓰세요.

믿음의 행동

가족과 함께 집 없는 사람을 위한 보호소, 무료 급식소 또는 그 밖의 불우 이웃을 돕는 기관에 가서 봉사하는 시간을 가지세요. 말과 행동을 통해 하나님의 사랑을 보여주세요. 집에 돌아오면 거기서 만났던 사람들을 위해 기도해주세요. 그리고 다른 사람들에게 하나님의 사랑을 보여줄 수 있게 해주신 하나님께 감사의 기도를 드리세요.

생활을 살펴보세요

▶ 골로새서 3장 23-24절을 읽으세요.

이 구절이 다른 사람을 돕는 것에 대한 여러분의 태도를 어떻게 바꾸었나요?

▶ 이사야 58장 6-7을 읽으세요.

이런 행동이 어떻게 하나님을 기쁘시게 할까요? 하나님은 왜 우리가 이런 행동을 통해 다른 사람들에게 관심을 기울이기 원하실까요?

풍성한 선물

고린도전서 12:4~11

◉ 자기가 잘하는 것을 찾아 내용을 적어보세요.

공부

운동

컴퓨터

음악

미술

23 풍성한 선물

부모님과 보세요

[포인트] 자신의 은사를 찾으라.

[중심 성경 구절] "너희는 그리스도의 몸이요 지체의 각 부분이라"(고린도전서 12:27).

믿음의 행로

학교에서나 집에서 여러분이 사용하는 은사들에는 무엇이 있는지 점검해보세요.

- 친구들이 말다툼을 할 때 의견을 조정해주어요.
- 친구들이 힘든 일을 하고 나면 '잘했어' 라고 격려해주어요.
- 친구들과 장남감을 함께 가지고 놀거나 맛있는 간식을 나누어 먹어요.
- 친구가 숙제하는 것을 도와주어요.
- 친구들에게 좋은 아이디어를 이야기해주어요.
- 새로 전학 온 아이에게 친구가 되어주어요.

주목할 것

이 쿠폰을 만들어서 부모님께 드리세요. 여러분이 자신의 특별한 은사를 사용할 때마다 쿠폰의 내용을 채워 달라고 하세요.

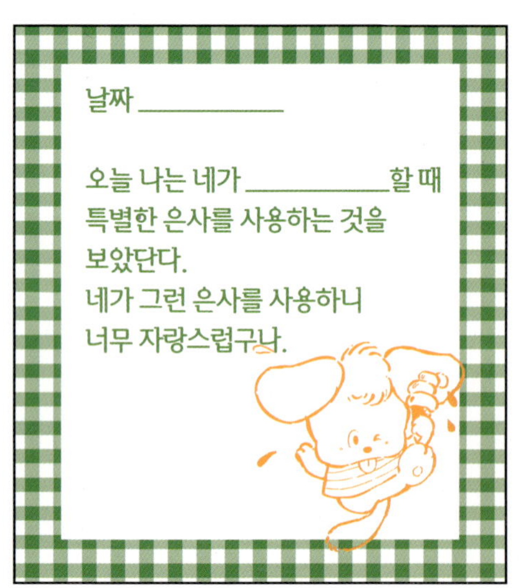

날짜 ____________

오늘 나는 네가 ____________할 때
특별한 은사를 사용하는 것을
보았단다.
네가 그런 은사를 사용하니
너무 자랑스럽구나.

▶ 갈라디아서 5장 22-23을 읽으세요.

여러분의 생활에는 성령의 열매 중에 어떤 것이 있나요? 여러분도 그런 생활을 하고 있나요?

▶ 마태복음 28장 19-20을 읽으세요.

이 중요한 일을 하는 데 여러분이 가진 은사가 어떻게 도움을 주나요?

머리, 어깨, 무릎, 발

고린도전서 12:12~31

◉ 나는 교회의 어떤 부분을 섬기고 있나요?

머리, 어깨, 무릎, 발

[포인트] 하나 되어 섬기라.

[중심 성경 구절] "너희는 그리스도의 몸이요 지체의 각 부분이라"(고린도전서 12:27).

맛있는 음식

음식을 먹되 혼자서는 먹을 수 없도록 해보세요.
바나나를 벗겨 다른 사람에게 먹여준다든지, 음식을 숟가락으로 떠서 다른 사람을 먹여주는 등 다른 사람의 도움으로 음식을 먹어보세요. 온 가족이 한 가지씩 역할을 맡아 맛있는 요리를 함께 만들어보는 것도 좋은 방법입니다.

게임 응용하기

가족과 함께 '머리, 어깨, 무릎, 발, 무릎, 발' 노래를 함께 부르면서 모션도 함께 해보세요. 처음에는 모든 항목을 다 넣어서 하다가 두 번째부터 한 항목은 목소리를 내지 말고 하세요. 예를 들어 '머리'를 빼기로 했으면 모션은 하되 '머리'라는 소리를 내서는 안 돼요. 이 게임을 하고서 만약 우리 몸에서 지체 하나가 없다면 어떨지에 대해서 이야기를 나누세요.

생활을 살펴보세요

▶ **골로새서 3장 12-14절을 읽으세요.**
서로 사랑한다는 것이 교회의 각 사람들에게 그토록 중요한 이유는 무엇인가요?

▶ **히브리서 3장 13-14절을 읽으세요.**
함께 일하는 것이 어떻게 우리 믿음을 세우는 데 도움이 될까요?

▶ **베드로전서 4장 1-11절을 읽으세요.**
여러분의 가족들은 어떤 은사를 가지고 있나요?

25 말한 대로 실천해요

야고보서 2:14~24

◉ 하나님의 자녀가 해야 할 말은 무엇인가요?

◉ 하나님의 자녀가 해야 할 행동은 무엇인가요?

말한 대로 실천해요

[포인트] 믿음을 행동으로 보이라.

[중심 성경 구절] "너희는 그리스도의 몸이요 지체의 각 부분이라"(고린도전서 12:27).

믿음의 행로

투명한 컵에 물을 절반을 담고 식용 색소 몇 방울과 식용유 1/4컵 분량을 섞으세요. 뚜껑을 꼭 닫고 내용물이 잘 섞이도록 흔드세요. 컵을 내려놓고 어떤 일이 벌어지는지 확인하세요. 여러분의 믿음은 어떻게 다른 사람들과 자신을 구분짓나요?

주목하기

그림과 같이 쿠폰을 만들고 오려서 엄마나 아빠께 드리세요. 여러분이 자신의 믿음을 잘 드러내는 일을 할 때 부모님이 아래의 내용을 채워주세요.

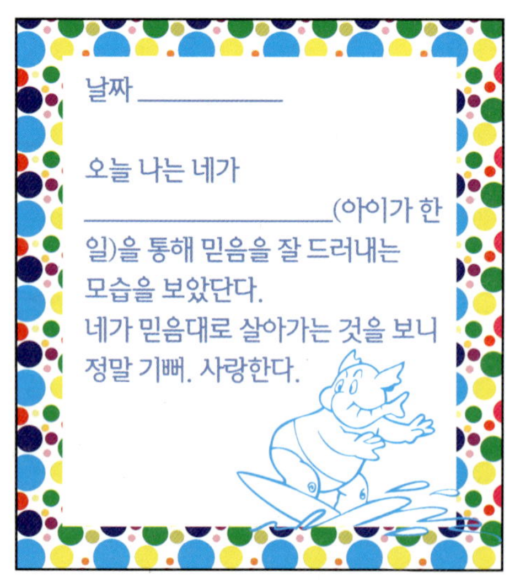

생활을 살펴보세요

▶ 사도행전 16장 22-34절을 읽으세요.

바울과 실라의 믿음이 자신들의 삶과 다른 사람들의 삶에 어떤 변화를 일으켰나요?

▶ 마태복음 5장 13-16절을 읽으세요.

여러분의 행동이 어떻게 주위 사람들에게 밝은 빛이 되나요?

▶ 마가복음 12장 29-31절을 읽으세요.

이 명령이 어떻게 여러분의 삶에 변화를 일으키나요?

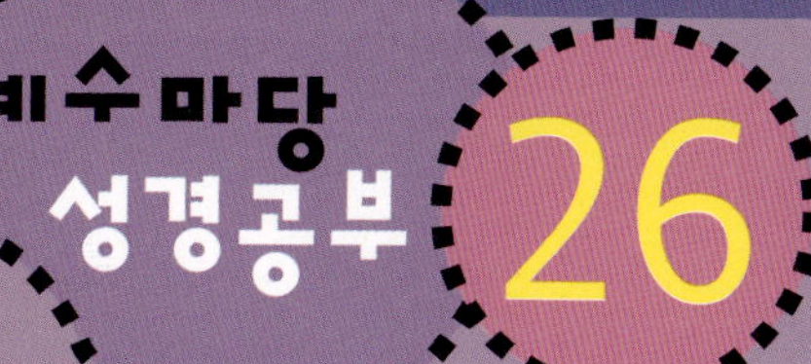

보여주고 말해요

마태복음 28:19~20

✲전도할 수 없어요. 왜 못하나요?

✲전도할 수 있어요. 왜 해야 하나요?
어떻게 할 수 있나요?

나는 ____________ 에게 예수님을 전하겠습니다.

보여주고 말해요

부모님과 보세요

[포인트] 임무를 완수하라.

[중심 성경 구절] "너희는 그리스도의 몸이요 지체의 각 부분이라"(고린도전서 12:27).

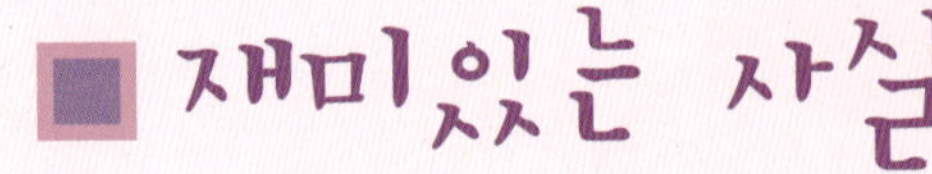

〈복음을 노래하기〉

가장 오랫동안 성가대 활동을 했던 사람은 존 러브 보킨스(1890–1989)인데 그는 무려 92년 동안 교회 성가대에서 봉사했다. 1895년 영국 힐리에 있는 그리스도교회 성가대에서 처음 노래하기 시작했다. 35년 뒤에는 영국 해더 세지에 있는 성 미가엘 성가대에 들어갔다. 그런 모습이야말로 사람들에게 전하는 복음이 아니겠는가?

–1994년 기네스북에서 발췌.

기도하세요

● 아래 밑줄에 여러분의 친구 이름을 적고 기도한 날에 표시를 하세요. 날마다 기도하면서 복음을 전하세요.

친구 이름 : ______________

월요일에 기도함 (　)
화요일에 기도함 (　)
수요일에 기도함 (　)
목요일에 기도함 (　)
금요일에 기도함 (　)
토요일에 기도함 (　)
친구에게 예수님을 전함 (　)

친구 이름 : ______________

월요일에 기도함 (　)
화요일에 기도함 (　)
수요일에 기도함 (　)
목요일에 기도함 (　)
금요일에 기도함 (　)
토요일에 기도함 (　)
친구에게 예수님을 전함 (　)

▶ 누가복음 3장 18절을 읽으세요.
예수님에 관한 복음이 어떻게 사람들에게 힘을 줄 수 있을까요?

▶ 고린도전서 9장 16절을 읽으세요.
복음 전하는 일이 우리의 임무라는 것을 어떻게 알 수 있을까요?

▶ 디모데전서 4장 12-13절을 읽으세요.
여러분의 행동을 보고 다른 사람들이 예수님을 믿고 싶은 마음이 들까요?